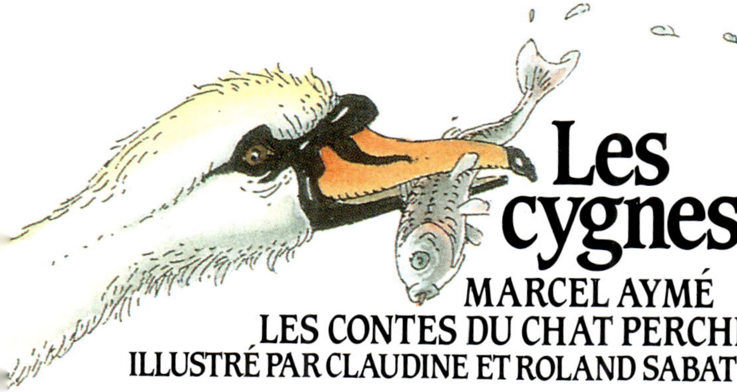

Les cygnes

MARCEL AYMÉ

LES CONTES DU CHAT PERCHÉ

ILLUSTRÉ PAR CLAUDINE ET ROLAND SABATIER

GALLIMARD

Les parents partirent pour la ville de très bon matin et dirent aux deux petites en quittant la ferme :

— Nous ne rentrerons qu'à la nuit. Soyez sages et, surtout, ne vous éloignez pas de la maison. Jouez dans la cour, jouez dans le pré, dans le jardin, mais ne traversez pas la route. Ah ! si jamais vous traversez la route, gare à vous quand nous rentrerons !

En disant ces derniers mots, les parents regardèrent les petites avec des yeux terribles.

— Soyez tranquilles, répondirent Delphine et Marinette, on ne traversera pas la route.

— Nous verrons, grommelèrent les parents, nous verrons.

Là-dessus, ils s'éloignèrent à grands pas, non sans avoir lancé à leurs filles un regard sévère et soupçonneux. Les petites en avaient le cœur serré, mais, après avoir joué un moment dans la cour, elles n'y pensaient presque plus. Vers neuf heures du matin, elles se trouvaient par hasard au bord de la route et ni l'une ni l'autre n'avaient envie de traverser, lorsque Marinette aperçut de l'autre côté une petite chevrette blanche qui marchait dans les champs. Delphine n'eut pas le temps de retenir sa sœur qui avait franchi la route en trois enjambées et courait déjà vers la chevrette.

— Bonjour, dit Marinette.

— Bonjour, bonjour, fit la chevrette sans s'arrêter.

— Comme tu marches vite ! Où vas-tu ?

— Je vais au rendez-vous des enfants perdus. Je n'ai pas le temps de m'amuser.

La chevrette blanche entra dans un champ de grand blé qui se referma sur elle. Marinette et sa sœur, qui venait de la rejoindre, en restèrent tout interdites. Elles se préparaient à regagner la route, mais elles virent apparaître à cinquante mètres de là deux canetons portant encore leur duvet jaune et qui semblaient très pressés.

— Bonjour, canetons, dirent les petites en arrivant auprès d'eux.

Les deux canetons s'arrêtèrent et posèrent le ventre par terre. Ils n'étaient pas fâchés de se reposer.

— Bonjour, petites, dit l'un d'eux. Belle journée, n'est-ce pas ? Mais quelle chaleur ! Mon frère est déjà bien fatigué.

— En effet. Vous venez donc de très loin ?

— Je crois bien ! Et nous allons plus loin encore.

— Mais où allez-vous ?

— Nous allons au rendez-vous des enfants perdus. Et maintenant que nous voilà reposés, en route ! Il ne s'agit pas d'arriver en retard.

Delphine et Marinette voulaient des explications, mais les deux canetons filaient sans entendre et entraient dans le champ de blé. Elles avaient grande envie de les suivre et furent un moment hésitantes, mais elles songèrent aux parents et à l'interdiction de traverser la route. A vrai dire, il était bien tard pour s'en souvenir, car la route était déjà loin. Comme elles se décidaient à rentrer, Delphine montra à sa sœur une tache blanche qui bougeait sur le pré en bordure de la forêt. Il fallait bien aller voir de près. Elles se trouvèrent en face d'un petit chien blanc, très jeune, gros comme la moitié d'un chat et qui marchait dans l'herbe aussi vite qu'il pouvait. Mais ses pattes n'étaient pas encore bien fermes et il trébuchait presque à chaque pas. Il s'arrêta et

répondit aux petites qui l'interrogeaient :

— Je vais au rendez-vous des enfants perdus, mais j'ai bien peur de ne pas être à l'heure. Vous pensez ! il faut arriver avant midi, et moi, sur mes petites pattes, je ne fais pas beaucoup de chemin et je suis vite fatigué.

— Et qu'est-ce que tu vas faire à ce rendez-vous des enfants perdus ?

— Je vais vous expliquer. Quand on n'a plus de parents, comme moi, on va au rendez-vous des enfants perdus pour essayer de trouver une famille. Tenez, on me parlait hier d'un jeune chien qui a été adopté par un renard au rendez-vous de l'année dernière. Mais, comme je vous le disais, j'ai bien peur d'être en retard.

Apercevant une libellule, le petit chien blanc se dressa brusquement sur ses pattes, se mit à sauter et à aboyer, fit trois tours sur lui-même, se roula dans l'herbe et finit par se coucher, essoufflé et la langue pendante.

— Vous voyez, dit-il après avoir repris son souffle, je viens encore de

m'amuser. C'est plus fort que moi, je ne peux pas m'en empêcher. Vous comprenez, je suis petit. Alors, je m'amuse presque à chaque pas, sans même le faire exprès. Ce n'est pas pour m'avancer. Ah ! vraiment, je n'ai pas beaucoup d'espoir d'arriver. Autant dire que je n'y compte pas. Si j'avais de

grandes jambes comme les vôtres, bien sûr...

Le petit chien blanc paraissait tout triste. Delphine et Marinette se regardaient et regardaient aussi la route qui était maintenant très loin derrière elles.

— Petit chien, dit enfin Delphine, si je te portais jusqu'au rendez-vous des enfants perdus, crois-tu que tu arriverais assez tôt ?

— Oh ! oui, dit le petit chien blanc, vous pensez, avec vos grandes jambes !

— Alors, partons tout de suite. En marchant bien, nous serons vite revenues. Et où est-il, ton rendez-vous ?

— Je ne sais pas, je n'y suis jamais allé. Mais vous voyez cette pie qui vole devant nous, là-bas ? C'est elle qui me montre le chemin. Vous pouvez la suivre sans crainte. Elle nous conduira juste à l'endroit.

Delphine et Marinette se mirent en route, chacune à son tour portant le petit chien blanc. La pie volait devant elles, se posant parfois bien en vue au milieu d'un pré ou d'un sentier, et reprenant son vol pour se poser plus loin. Le petit chien blanc s'était endormi dès le départ dans les bras de Delphine. Il ne s'éveilla que deux heures plus tard, comme on arrivait au bord d'un grand étang. La pie vint se poser sur l'épaule de Marinette et dit aux deux petites :

— Mettez-vous là, près des roseaux, et attendez qu'on vienne vous chercher. Allons, bonne chance et adieu.

La pie envolée, les petites regardèrent autour d'elles et virent qu'elles n'étaient pas seules. Sur la rive, des groupes de jeunes animaux étaient assis dans l'herbe et il en arrivait à chaque instant. Il y avait des agneaux, des chevreaux, des marcassins, des chatons, des poussins, des canetons, des roquetons, des lapins et bien d'autres espèces. Fatiguées par leur longue marche, les petites s'étaient assises à leur tour et Delphine commençait à somnoler, lorsque Marinette s'écria :

— Regarde là-bas, les cygnes !

Delphine ouvrit les yeux et vit, à travers les roseaux, deux grands cygnes nager sur l'étang vers une île où abordaient d'autres cygnes et chacun portait sur son dos un lapin. Plus loin, deux autres cygnes tiraient un radeau fait de branches et de roseaux, sur lequel était assis un jeune veau qui poussait des cris de frayeur. Et sur toute la surface de l'étang, c'était un continuel va-et-vient des grands oiseaux blancs. Les petites ne se lassaient pas d'admirer. Tout à coup, auprès du buisson où elles étaient assises, un cygne sortit des roseaux et vint droit sur elles. Il eut un regard sévère et demanda d'une voix sèche :

— Enfants perdus ?

— Oui, répondit Marinette en montrant le petit chien blanc couché sur ses genoux.

Tournant la tête, le cygne fit entendre un long sifflement et presque aussitôt s'avancèrent deux autres cygnes qui tiraient un radeau.

— Montez, commanda celui qui semblait avoir pour mission de surveiller les embarquements.

— Attendez, protesta Delphine, il faut que je vous explique...

— Je n'ai pas d'explications à entendre, coupa le cygne. Vous vous expliquerez dans l'île, si vous voulez. Allons, vite.

— Laissez-moi vous dire...

— Silence !

Le cygne, l'œil méchant, allongeait déjà son grand cou, et son bec menaçait les mollets des petites.

— Allons, dit l'un des cygnes attelés au radeau, soyez raisonnables. Nous n'avons plus de temps à perdre ici.

Effrayées, les petites n'osèrent pas résister davantage et montèrent sur le radeau. Les deux cygnes partirent aussitôt et, gagnant le milieu de l'étang, nagèrent en direction de l'île. La promenade était agréable et les deux enfants ne regrettaient guère le rivage. On rencontra des cygnes qui revenaient de l'île où ils avaient sans doute déposé des passagers. D'autres, légèrement chargés d'un chaton ou d'un marcassin en bas âge, dépassèrent l'attelage et eurent bientôt abordé. Le

petit chien blanc était si content de naviguer qu'il faillit plusieurs fois sauter hors des bras de Marinette pour aller jouer avec l'eau.

La traversée dura un peu plus d'un quart d'heure. Au débarqué, un cygne vint prendre livraison des deux sœurs et du petit chien et les conduisit à l'ombre d'un bouleau d'où il leur défendit de s'éloigner sans sa permission. Delphine et Marinette reconnurent, dans le troupeau des jeunes bêtes qui les entouraient, la chevrette et les deux canetons, sans compter quelques autres aperçues tout à l'heure sur le rivage de l'étang. Marinette compta

une quarantaine d'orphelins, de tout poil et de toute plume, et, à chaque instant, le cygne en amenait de nouveaux. Ils songeaient à la famille qu'ils allaient trouver bientôt et l'émotion les rendait silencieux.

A l'autre bout de l'île était massé un autre troupeau. Une ligne de buissons empêchait de les bien voir, mais l'on pouvait distinguer qu'il n'y avait là que des animaux d'un âge mûr. Ils semblaient assez bavards et le bruit de leur voix parvenait aux petites.

Au bout d'un quart d'heure d'attente, Delphine avisa un vieux cygne occupé à faire les cent pas devant les orphelins qu'il était sans doute chargé de surveiller. Il marchait en dodelinant de la tête avec un air de bonté. Voyant Delphine faire un geste d'appel, il s'avança et dit aimablement :

— Bonjour, mes enfants. Il fait une jolie journée de printemps, n'est-ce pas ?.. Plaît-il ? Je suis un peu dur d'oreille, vous savez.

— Je voulais vous dire que, ma sœur et moi, nous voulons rentrer chez nous.

— Oui, merci, je me porte assez bien pour mon âge, répondit le vieux cygne qui entendait vraiment mal.

— Nous avons besoin de rentrer chez nous, fit Delphine en haussant la voix.

— En effet, il commence à faire bien chaud.

Alors, Delphine se porta tout contre l'oreille du vieux cygne et cria de tous ses poumons :

— Nous n'avons pas le temps d'attendre ! Il nous faut rentrer à la maison !

Elle n'avait pas fini de crier qu'un cygne, celui-là même qui les avait embarquées sur le radeau, surgissait d'un buisson en vociférant :

— ENCORE CES GAMINES ! On n'entend plus qu'elles, ma parole ! JE COMMENCE A EN AVOIR ASSEZ !

— Ma sœur était en train d'expliquer... commença Marinette.

— Silence ! mal élevée, ou je vous donne à manger aux poissons de l'étang ! A vos places, toutes les deux !

Sur ces mots, le cygne s'éloigna, se retournant de temps à autre pour leur jeter un regard furieux. Les petites renoncèrent à se faire écouter et, fatiguées par la chaleur, s'endormirent au pied du bouleau.

En s'éveillant, elles furent bien étonnées. A quelques pas et tournant le dos au troupeau des orphelins, une demi-douzaine de cygnes, trois du côté droit, trois du côté gauche, étaient assis sur un monticule qui formait une sorte d'estrade. Devant eux, se trouvaient rangés en bon ordre tous les animaux qui bavardaient tout à l'heure à l'autre bout de l'île : des cochons, des lapins, des canards, des sangliers, des cerfs, des moutons, des chèvres, des renards, une cigogne et même une tortue. Tout ce monde regardait vers l'estrade et semblait attendre quelqu'un. Bientôt, un septième cygne vint prendre place au milieu de ses frères et dit, après avoir salué d'une révérence l'assemblée des bêtes :

— Mes chers amis, voici revenu notre rendez-vous des enfants perdus. Je vous remecie de ne pas l'avoir oublié et je vous demande de choisir selon votre cœur, mais aussi selon vos moyens. La séance est ouverte.

Le premier orphelin qui monta sur l'estrade était un agneau qui fut adopté par un gros mouton de l'assemblée. Suivit un marcassin qu'une famille de sangliers réclama, et le défilé des orphelins continua ainsi sans incident jusqu'au moment où un vieux renard prétendit adopter les deux canetons que les petites avaient rencontrés dans la matinée.

— Ils ne pourraient trouver meilleur père que moi, affirma-t-il, et vous pouvez compter que j'en aurai le plus grand soin.

Le cygne qui avait ouvert la séance consulta ses frères à voix basse et lui répondit :

— Renard, je ne veux pas douter de tes intentions à l'égard de ces orphelins. Je suis même persuadé que tu en auras le plus grand soin, mais je crains que leur bonheur soit de courte durée. Deux canetons seraient pour un renard une bien grande tentation.

Delphine et Marinette en étaient bien aises, car, si personne ne se décidait à les adopter, il faudrait bien leur rendre la liberté. Au dernier rang, elles aperçurent le petit chien blanc endormi au milieu de sa nouvelle famille, et c'était une chance, pensaient-elles, qu'il se fût endormi, sans quoi il n'aurait pas manqué de prier ses parents bouledogues d'adopter ses amies.

— Personne ne se décidera-t-il à les prendre ? demanda le cygne. On ne peut pourtant pas laisser deux fillettes sans famille. Renard, toi qui étais si empressé à prendre les deux canetons, ne feras-tu rien pour ces enfants-là ?

— Je ne demanderais pas mieux, dit le renard, mais, voyez-vous, je suis trop bon, beaucoup trop bon. Je n'aurais jamais assez de fermeté pour élever comme il faut deux fillettes aussi turbulentes. Non vraiment, je ne peux pas les prendre. J'en suis fâché, mais c'est pour leur bien.

Le cygne s'adressa ensuite à un cerf qui venait d'adopter un faon.

— J'ai bien pensé à les prendre, répondit le cerf, mais ce serait une folie. Réfléchissez que je vis toujours courant sous la menace des hommes, des chiens, des fusils. Non, non, ce ne serait pas sage. Je le regrette. Elles sont bien jolies.

Le cygne sollicita encore d'autres bêtes, mais aucune ne voulait se charger des petites. Comme un sanglier venait à son tour de s'excuser, une tortue, qui se trouvait au premier rang de l'assemblée, allongea le cou hors de sa carapace et dit posément :

— Puisque personne n'en veut, moi je les prends.

Cette offre surprenante provoqua de grands éclats de rire parmi les bêtes. Les petites elles-mêmes ne purent s'empêcher de sourire à l'idée qu'elles pourraient devenir les filles d'une tortue. Après avoir fait taire les rieurs, le

cygne remercia aimablement la tortue, la complimenta sur sa générosité et, avec toutes les précautions qu'il fallait pour ne pas la froisser, lui fit entendre qu'elle était trop petite pour gouverner d'aussi grandes filles et qu'elle marchait trop lentement. La tortue n'objecta rien, mais rentra la tête sous sa carapace d'une façon qui fit bien voir qu'elle était vexée. Nulle voix ne s'élevant dans l'assemblée pour réclamer les petites, le cygne prit le parti d'aller consulter ses frères à voix basse. Delphine et Marinette, qui se voyaient déjà libres, s'amusaient de son embar-

ras. Il revint prendre sa place et déclara à haute voix :

— Mes frères et moi avons décidé d'adopter les deux fillettes. Ce ne sera pas trop de tous nos efforts et de toute notre sévérité pour discipliner ces enfants mal élevées et insupportables. L'an prochain, quand vous reviendrez au rendez-vous des enfants perdus, je crois que vous serez surpris des progrès qu'elles auront faits.

Les petites s'étaient levées pour tenter encore une fois d'expliquer leur aventure mais, sans leur en laisser le temps, on les fit descendre de l'estrade et on les conduisit dans un coin de l'île, où elles furent laissées à la garde du vieux cygne sourd. De loin, elles purent assister au départ des bêtes et à leur traversée de l'étang.

— Quand la traversée sera finie, disait Delphine à sa sœur pour la rassurer, les cygnes reviendront dans l'île et il faudra bien qu'ils nous écoutent. Ils ne pourront pas toujours nous empêcher de parler.

— En attendant, répondait Marinette, l'heure passe. Nos parents vont bientôt se mettre en route et s'ils arrivent à la maison avant nous... Eux qui nous avaient défendu de traverser la route ! Ah ! j'aime mieux ne pas y penser.

Vers quatre heures, toutes les bêtes avaient regagné les bords de l'étang, mais les cygnes ne semblaient pas décidés au retour. Ils restaient occupés au loin à pêcher des poissons et l'île était déserte. Delphine et Marinette étaient de plus en plus inquiètes et leur mine s'allongeait. Les voyant tristes, le vieux cygne essayait de les réconforter.

— Vous n'imaginez pas combien je suis heureux de vous avoir là, disait-il. Je sens déjà que je ne pourrai plus me passer de vous. Aujourd'hui, ce n'est pas très gai. On vous a laissées dans l'île pour vous reposer mais, demain, vous apprendrez à nager, à prendre des poissons. Vous verrez comme la vie est agréable ici. Mais j'y pense, vous avez peut-être faim ?

En effet, les petites avaient très faim. Il les pria de patienter et, s'étant absenté quelques instants, revint avec un poisson dans son bec.

— Tenez, dit-il en le posant devant elles, mangez-le vite pendant qu'il est bien vif et bien frétillant. Je vais vous en chercher d'autres.

Les petites reculèrent en secouant la tête et Marinette, prenant le poisson, alla le remettre à l'étang. Le vieux cygne en était ébahi.

— Comment peut-on ne pas aimer le poisson ? dit-il. C'est si bon de sentir un poisson qui vous frétille dans le gosier. En tout cas, il va falloir aviser à vous donner une autre nourriture. Je me demande...

Mais les petites étaient si inquiètes qu'elles ne pensaient plus à leur faim. Bientôt elles virent, à l'autre bout de l'étang, le soleil descendre au ras de la forêt. Il devait être au moins six heures du soir et les parents étaient peut-être en route. Effrayées, Delphine et Marinette se mirent à pleurer. En voyant les larmes, le vieux cygne, perdant la tête, se mit à tourner en rond devant elles.

— Qu'avez-vous ? Mais qu'est-ce qui se passe ? Ah ! quel malheur d'être vieux et de ne plus entendre ! Deux enfants si jolies ! Mais j'ai une idée. Suivez-moi. Quand je suis sur l'eau, j'entends tout ce qu'on me dit.

Le vieux cygne se posa sur l'étang et, tandis qu'il tenait son bec enfoncé dans l'eau, Delphine lui conta comment, avec Marinette, elle avait traversé la route malgré la défense des parents, et ce qui en était advenu. Quand elle eut tout dit, il se mit à nager vers le milieu de l'étang en sifflant du plus fort qu'il pouvait. Aussitôt, les cygnes qui pêchaient alentour vinrent se ranger en demi-cercle devant lui.

— Misérables garnements ! leur cria le vieux cygne, tout tremblant de colère. Je ne sais pas ce qui me retient de vous chasser tous de cet étang ! Vous êtes la honte de la tribu ! Voilà deux fillettes qui ont eu la bonté d'apporter jusqu'ici un petit chien blanc orphelin et vous les récompensez en les retenant prisonnières ! Et vous leur défendez d'ouvrir la bouche pour vous faire comprendre votre sottise !

Les cygnes n'en menaient pas large et baissaient la tête.

— Si jamais les petites sont grondées par leurs parents, prononça le vieux cygne en les entraînant vers l'île, malheur à vous !

En arrivant auprès des petites, il commanda :

— Demandez pardon à plein cou !

Montant sur le rivage, les cygnes se couchèrent devant les petites et, d'un même mouvement, posèrent leurs longs cous à plat sur le sol. Delphine et Marinette en étaient confuses.

— Et maintenant, préparez-moi l'attelage à cinq et que pas une minute ne soit perdue ! Nous conduirons les deux enfants par le bief jusqu'à la rivière et nous remonterons la rivière jusqu'au point le plus proche de la route. Bien entendu, nous les accompagnerons jusque chez elles. Allons, pressez-vous, fainéants !

Les cygnes se mirent à courir et eurent bientôt préparé l'attelage. Delphine et Marinette montèrent sur un radeau tiré par cinq cygnes attelés en file et précédés de six autres, chargés de faire le passage et de détourner les branches qui auraient pu retarder l'embarcation. Le vieux cygne nageait auprès du radeau et avait l'œil à tout. Au moment de passer dans le bief, ses compagnons, inquiets des fatigues qu'il aurait à supporter, voulurent

l'empêcher de s'y engager avec eux. A son âge, disaient-ils, un voyage aussi long était trop dangereux. Delphine et Marinette le priaient aussi de regagner l'île.

— Ne soyez pas en peine, répondait-il. La vie d'un vieux cygne ne compte pas, quand il faut empêcher que deux petites soient grondées. Allons vite, pressons-nous ! La nuit sera bientôt là.

En effet, le soleil avait disparu et le soir descendait déjà sur l'étang. Porté par le courant, l'attelage fila rapidement sur le bief. Les cinq cygnes ne ménageaient pas leur peine. Le vieux cygne s'essoufflait à les suivre, mais s'ils faisaient mine de ralentir, il leur criait aussitôt :

— Plus vite ! tas de lambins, ou nos petites vont être grondées !

La nuit était déjà faite lorsque l'attelage arriva à la rivière. Il fallut lutter contre un fort courant et l'obscurité gênait les voyageurs. Heureusement, la lune se leva bientôt et permit de se diriger plus facilement. Enfin, le vieux cygne donna l'ordre de débarquer. Voyant qu'il était très fatigué, Delphine et Marinette le pressèrent de se reposer, mais il ne voulut rien entendre et les conduisit d'abord sur la route.

— Ne perdons pas de temps, j'ai peur que nous ne soyons en retard, dit-il. Ah ! oui, bien peur.

En arrivant sur la route avec le blanc troupeau qui leur faisait escorte, les petites faillirent pousser un cri. A cent mètres devant elles et leur tournant le dos, les parents marchaient vers la maison. Ils portaient chacun un panier.

Le vieux cygne avait compris. Il fit aussitôt passer les deux petites de l'autre côté de la route que bordait une haie et leur dit tout bas :

— En courant à l'abri de cette haie, vous aurez bientôt dépassé les parents. Quand vous serez à la hauteur de la maison et qu'il vous faudra retraverser la route, nous ferons en sorte d'attirer l'attention des parents ailleurs. L'important est d'arriver là-bas avec une bonne avance.

Les petites voulurent suivre ses conseils, mais, fatiguées et n'ayant pas mangé depuis le matin, leurs jambes les portaient à peine. Il leur fallut se contenter d'aller au pas et, comme elles marchaient moins vite que les parents, la distance qui les séparait ne fit qu'augmenter.

— Voilà qui complique bien les choses, murmura le vieux cygne. Il va falloir gagner du temps. Laissez-moi faire.

Passant sur la route, il se mit à courir derrière les parents en criant :

— Bonnes gens ! n'avez-vous rien perdu en chemin ?

Les parents s'étaient arrêtés et, au clair de lune, regardaient s'il manquait quelque chose dans leurs paniers. Le vieux cygne ne courait plus et marchait au contraire du plus lentement qu'il pouvait afin de laisser prendre de l'avance aux petites. Les parents s'impatientaient.

— N'avez-vous rien perdu ? dit-il en arrivant auprès d'eux. J'ai trouvé sur la route une jolie plume blanche et, comme elle ne m'appartient pas, j'ai pensé qu'elle était à vous.

— Nous prends-tu pour des sots de ton espèce, de vouloir que nous portions des plumes ? grondèrent les parents furieux en s'éloignant.

Le vieux cygne repassa de l'autre côté de la haie. Les petites avaient réussi à prendre un peu d'avance, mais les parents, qui marchaient d'un bon pas, n'allaient pas tarder à les rattraper et à les dépasser. Le vieux cygne paraissait fourbu. Pourtant, après avoir encouragé Delphine et Marinette par de bonnes paroles, il trouva la force de prendre sa course à la tête de ses compagnons. Les petites virent le troupeau silencieux des grands oiseaux blancs courir devant elles et disparaître dans une échancrure de la haie. Cependant, les parents poursuivaient leur chemin et parlaient des petites qu'ils allaient trouver à la maison.

Delphine et Marinette, qui entendaient tout, en avaient les jambes coupées. Soudain, les parents s'arrêtèrent et ouvrirent des yeux ronds. Devant eux, au milieu de la route, étaient rangés douze grands cygnes qui se mirent à danser sous la lune. Ils tournaient deux à deux, dansaient sur une patte, sur l'autre, se saluaient, formaient une ronde puis, leurs longs cous dressés et leurs douze têtes se touchant à la pointe du bec, tournoyaient d'une telle vitesse qu'à peine les pouvait-on distinguer les uns des autres. Ce n'était plus qu'un tourbillon de neige.

— C'est bien joli, dirent les parents au bout d'un moment, mais ce n'est pas l'heure de regarder danser. Nous n'avons que trop perdu de temps.

Passant au milieu des danseurs, ils les laissèrent derrière eux et poursuivirent leur chemin sans se retourner. De l'autre côté de la haie, les petites avaient repris leur avance, mais de nouveau elles entendaient le pas des parents sonner sur la route et perdaient tout espoir d'arriver à la maison avant eux. Le vieux cygne avait quitté la route avec ses compagnons et s'efforçait de trotter derrière

elles, mais il était si fatigué qu'il butait à chaque instant et manquait tomber. Venant après la longue course qu'il avait déjà fournie, la danse le laissait exténué. Lorsque enfin, à bout de forces, il rejoignit les deux petites, les parents n'étaient plus qu'à cent mètres de la maison.

— Ne craignez rien, dit-il, vous ne serez pas grondées. Mais je vais vous quitter et vous laisser à la garde de mes amis. Promettez-moi de leur obéir. Ils vous feront traverser la route quand le moment sera venu.

Le vieux cygne s'écarta de la haie, puis, rassemblant ses dernières forces, s'élança en courant vers le milieu des champs. Peu à peu sa course devint plus lente, il sentit ses pattes se raidir et, en arrivant dans un pré, il tomba sur le flanc pour ne plus se relever. Alors, il se mit à chanter, comme font les cygnes quand ils vont mourir. Et son chant était si beau qu'à l'entendre, les larmes venaient dans les yeux. Sur la route, les parents s'étaient donné la

main et, sans prendre garde qu'ils tournaient le dos à la maison, s'en allaient à travers les champs à la rencontre de la voix. Longtemps après que le cygne eut cessé de chanter, ils marchaient encore dans la rosée et ne pensaient pas à rentrer.

Dans la cuisine, Delphine et Marinette cousaient sous la lampe. Le couvert était mis et le feu allumé. En rentrant, les parents dirent bonjour d'une petite voix qu'elles ne connaissaient pas. Ils avaient les yeux humides et, ce qui ne leur était jamais arrivé, n'en finissaient pas de regarder au plafond.

— Quel dommage, dirent-ils aux petites. Quel dommage que vous n'ayez pas traversé la route tout à l'heure. Un cygne a chanté sur les prés.

FIN

Né à Joigny dans l'Yonne, en 1902, **Marcel Aymé** a passé sa jeunesse à Villiers-Robert, région de forêts, d'étangs et de prés. En 1925, il vient à Paris, où il exerce divers métiers : journaliste, manœuvre, camelot, figurant de cinéma – avant de publier son premier roman : *Brûlebois*. Son œuvre, qui comprend plus de trente romans, des pièces de théâtre, de nombreux contes et nouvelles, est un regard sur le monde dans lequel le merveilleux se mêle au quotidien. Marcel Aymé est mort en 1967.

Roland Sabatier a dessiné Delphine, Marinette et tout l'univers de Marcel Aymé. **Claudine,** sa femme, en a réalisé les couleurs. Roland a étudié l'architecture à Paris. Il a publié ses premiers dessins en 1969 et a illustré de nombreux livres pour la jeunesse. Claudine a été professeur de dessin et a illustré des ouvrages scolaires. Tous deux ont une passion : les champignons.

Les cygnes

Supplément illustré

Test

Aimes-tu les animaux ?
Pour le savoir, choisis pour chaque question la solution que tu préfères. *(Réponses page 70.)*

1 Tu découvres un oiseau dans l'herbe :

▲ tu cherches son nid pour l'y replacer

● tu l'emportes chez toi pour l'apprivoiser

■ tu continues ta promenade et tu n'y touches pas

2 En vacances, tu emportes toujours :

● une photographie de ton chien

■ ton ours en peluche

▲ ton encyclopédie sur les animaux

3 Tu penses que les fourmis :

▲ ont une organisation fascinante

■ viennent toujours s'aventurer sur ta tartine de confiture

● sont vraiment un peu trop petites pour jouer avec toi

4 Pour toi, le chien :

● est vraiment un excellent ami

■ doit être tenu en laisse

▲ fait partie de la famille des loups

5 Quelle image du cheval as-tu ?

■ c'est la monture des cowboys dans les films

▲ c'est la plus grande conquête de l'homme

● c'est un animal qui aime manger du sucre dans le creux de la main

6 Si tu devais t'occuper d'animaux, tu serais :

▲ gardien de zoo

● vétérinaire

■ dompteur

7 Tu penses que le chat :

● est doux et câlin

▲ est agile et indépendant

■ a des griffes et des dents pointues

8 Si tes parents te proposaient d'avoir un animal, tu choisirais :

● un hamster

▲ un cobra

■ une tortue

9 Au cinéma, tu décides d'aller voir :

● *Lassie, chien fidèle*

▲ *Le Monde merveilleux*, de Cousteau

■ *Alice au pays des merveilles*

Informations

Le cygne

Le cygne a été domestiqué dès le Moyen Age. La beauté de son plumage blanc et l'élégance de ses lignes en ont toujours fait un héros de légende. Il a inspiré de nombreux poètes et conteurs dans le monde entier.
Nous connaissons surtout *Le vilain petit canard* et *Les sept cygnes*, où ces beaux oiseaux blancs ne sont en fait que de jeunes princes, victimes d'un sortilège.
Sa noblesse lui a également valu de figurer au fronton de nombreux édifices, par exemple comme emblème de François Ier, lequel ne dédaignait pourtant pas la finesse de sa chair.
En effet, il n'était pas rare de voir servis, lors des fastueux repas de l'époque, des cygnes rôtis, reconstitués et même décorés.
Cette habitude gustative a disparu et les cygnes peuvent maintenant nager tranquillement sur les étangs, les mares et les rivières où ils ne sont plus que de magnifiques ornements.

■ Qui est le cygne ?

Vaisseau glissant à la surface des eaux… Le cygne se vexerait si on lui disait qu'il appartient à la famille des oies, et pourtant c'est vrai. Il existe 140 espèces différentes, répandues dans le monde entier. Chez le cygne, comme chez l'oie, le mâle et la femelle ont le même plumage : il est difficile de les différencier. L'espèce que nous connaissons bien et qui est la plus fréquente dans notre pays est le cygne muet. Il peut mesurer jusqu'à 1,50 m et peser de 10 à 23 kg. Certains vivent jusqu'à 70 ans.

■ Comment se nourrit le cygne ?

Le cygne arrache les plantes aquatiques de la berge ou du fond de l'eau. Grâce à son long cou flexible, il peut fouiller la vase des eaux peu profondes pour y dénicher de petits invertébrés (des crustacés, des mollusques, des vers…).

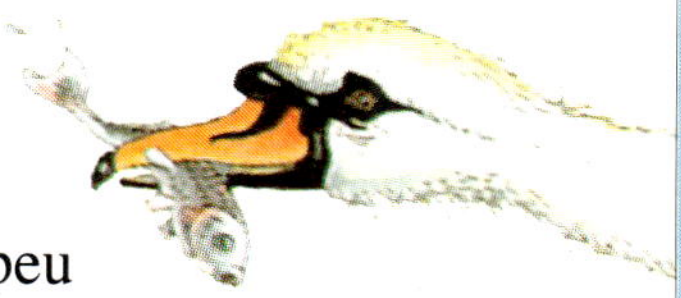

Quand il ne cherche pas de quoi se nourrir, le cygne passe le plus clair de son temps à lisser ses plumes : il en a en effet 2 500 ! Le lissage lui permet de garder les plumes propres, en ordre et imperméables.

Un nid bien douillet

Le nid est construit par le mâle et la femelle à l'aide de roseaux, d'ajoncs et de brindilles. Certains nids sont flottants. Le cygne ne cache pas son nid car il sait bien le défendre.
La femelle pond, au printemps, de 5 à 7 œufs d'une jolie couleur pâle. Elles les couve, assistée du mâle, pendant 30 à 35 jours.

Le chant du cygne

Le cygne trompette ; son long cou œsophage produit des sons aigus et gutturaux.
On prétend que le cygne chante avant de mourir... Cette vision poétique est fausse. Le cygne chante rarement.

Un caractère difficile

Proche en cela de sa cousine l'oie, le cygne a mauvais caractère. Au moindre signe menaçant, il gonfle ses ailes en arc au-dessus de son dos, rentre le cou, souffle, siffle, grogne et n'hésite pas à pincer de son bec quiconque tente de l'approcher.

Grâce à ses puissantes pattes palmées, le mâle qui défend son nid se propulse à toute vitesse sur l'eau et engage des poursuites écumantes. Ce n'est que lorsqu'il est à terre et qu'il dodeline sur ses courtes pattes qu'il perd beaucoup de sa majesté. Mais, …chut, il va encore se fâcher !

■ Vilains petits canards

Ils ne sont pas aussi beaux que leurs parents quand ils sortent de l'œuf. A l'éclosion, ils sont complètement formés et recouverts d'un duvet gris ou marron, qui disparaîtra au bout de quelques mois.
Les parents s'occupent attentivement de leur éducation et ne les quittent pas avant qu'ils aient atteint l'âge adulte, c'est-à-dire quand ils volent, vers quatre ou cinq mois. S'ils sont fatigués, les mères les font monter sur leur dos.
Les cygnes forment des familles unies : les époux ne se quittent pas durant toute leur vie.

Jeux

Sur la bonne route

Delphine et Marinette doivent rejoindre au plus vite leur maison sans rencontrer leurs parents. Aide les deux fillettes à suivre le bon chemin qui les conduira jusque chez elles.

(Réponse page 70.)

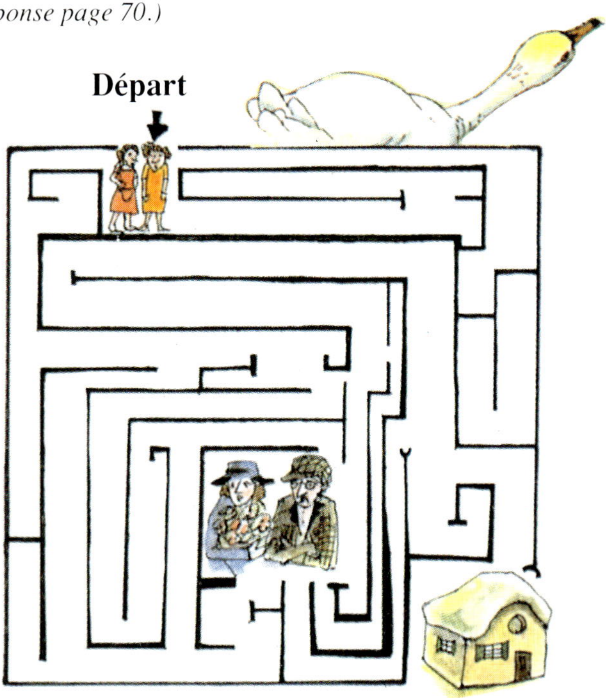

Les animaux cachés

Peux-tu découvrir sept noms d'animaux qui se trouvent dans le conte à partir des phrases suivantes ? Cherche ensuite à les retrouver dans la grille. *(Réponses page 71.)*

1. Ils organisent le rendez-vous.
2. Ce sont deux frères.
3. Elle veut adopter les fillettes.
4. Elle indique le chemin.
5. Il aime s'amuser.
6. Il veut adopter deux canetons.
7. Il est effrayé, sur le radeau.

V	E	C	H	I	E	N	K
T	H	Y	P	R	S	E	O
O	P	G	I	K	T	R	R
C	A	N	E	T	O	N	S
E	R	E	N	A	R	D	U
B	A	S	Z	V	T	S	T
A	V	P	O	U	U	S	A
R	I	E	G	V	E	A	U

A la recherche des parents

Règle du jeu

Grâce à ce parcours, tu pourras donner une famille à chaque animal. A chaque case correspond une question. Les cases bleues sont des cases *traversée* et permettent à un animal de rejoindre l'île. Les cases vertes sont des cases *rive* et empêchent le radeau de partir.
Le but du jeu est d'effectuer le plus de traversées possible en répondant aux questions bleues. Chaque réponse juste te permet de passer à la case bleue suivante ; chaque réponse fausse t'oblige à passer à la case verte suivante. Lorsque tu as fini, compte le nombre de questions vertes auxquelles tu as répondu et reporte-toi à la page 71.

■ Questions traversée :

1. Qu'interdisent les parents aux fillettes ? **2.** Quel est le premier animal que voit Marinette ? **3.** Quelles sont les deux raisons qui empêchent le petit chien d'avancer vite ? **4.** Combien de temps dure la traversée ? **5.** Pourquoi refuse-t-on au renard l'adoption des canetons ? **6.** Que doit faire le vieux cygne pour entendre ce qu'on lui dit ? **7.** Quelle nourriture le cygne propose-t-il aux petites ? **8.** Que demande le vieux cygne aux parents pour gagner du temps ?

■ Questions rive :

1. Où se rendent tous les animaux ? **2.** A quelle heure faut-il arriver au rendez-vous ? **3.** Quel animal guide les fillettes jusqu'aux cygnes ? **4.** Quel est le premier animal adopté ? **5.** Qui veut adopter Delphine et Marinette ? **6.** Qui ordonne de raccompagner les petites chez elles ? **7.** Que font les cygnes pour retarder les parents ? **8.** Que fait le vieux cygne au moment de mourir ?

A chacun son bec

Droit, crochu, croisé ou recourbé, le bec est un outil important pour les oiseaux.
Voici six oiseaux au bec bien différent.
Sauras-tu trouver leur nom ?
Si tu as du mal, les rébus, charades ou devinettes devraient t'aider ! *(Réponses page 71.)*

1. Mon premier est le contraire de rien.
Mon second est une ville de Normandie.
2. Mon premier est une voyelle.
Mon second signifie deux fois.
3. On dit que son chant n'est pas bon signe.
4. Il n'est ni vert ni bleu, il est rose comme un bonbon.
5.

6. Pour découvrir le nom du sixième bec, prends la 5e lettre du 1, la 3e lettre du 2 puis du 3, la 2e lettre du 4 et, pour finir, la 2e lettre du 5.

A chacun ses pattes

Parmi les empreintes laissées par les oiseaux, une seule peut être celle du cygne.
A toi de la retrouver ! *(Réponse page 71.)*

■ Au rendez-vous des enfants perdus

Voici des petits d'animaux qui ont perdu leurs parents. Sauras-tu les retrouver dans la liste ci-dessous ? *(Réponses page 71.)*

1. Sanglier
2. Oie
3. Canard
4. Chien
5. Porc
6. Chat

E. Chiot

A. Caneton

F. Chaton

C. Marcassin

B. Porcelet

D. Oison

■ Qui dit quoi ?

L'adoption des fillettes pose quelques problèmes.
Sauras-tu rendre à chaque animal la phrase qu'il a prononcée ?

A. J'ai bien pensé à les prendre, mais ce serait une folie.

B. Mes frères et moi avons décidé d'adopter les deux fillettes.

C. Puisque personne n'en veut, moi, je les prends.

D. Je ne demanderais pas mieux, mais je suis trop bon.

1.

2.

3.

4.

(Réponses page 71.)

Réponses

pages 56 et 57

Compte les ●, les ▲ et les ■ que tu as obtenus.
- Si tu as plus de ●, l'ami des bêtes, c'est toi ! Tu aimes les animaux. Jouer avec eux, les soigner te remplit de joie. Avec eux, tu peux exprimer toute la bonté qui est en toi.
- Si tu as plus de ▲, tu es un zoologiste dans l'âme. Tu observes les animaux, tu les connais. Et tu préfères les voir vivre en liberté.
- Si tu as plus de ■, tu n'es pas ce que l'on appelle l'ami des bêtes. Tu ne leur veux aucun mal mais ils ne te passionnent pas. Certains te font un peu peur, et tu aimes autant les voir au cinéma ou dans les livres d'images.

page 62

Sur la bonne route

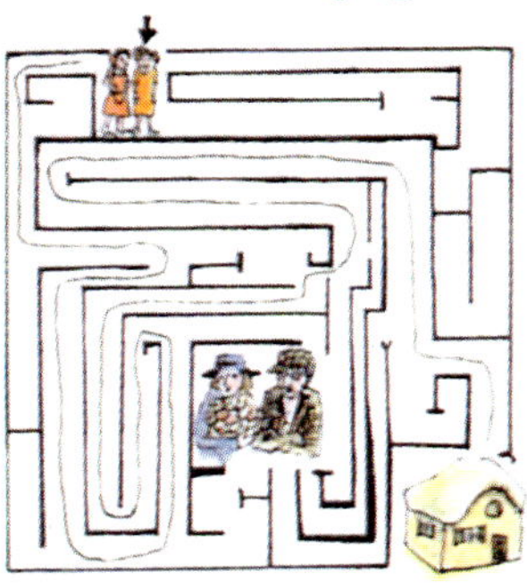

page 63

Les animaux cachés : **1.** *cygnes* - **2.** *canetons* - **3.** *tortue* - **4.** *pie* - **5.** *chien* - **6.** *renard* - **7.** *veau.*

pages 64 et 65

A la recherche de parents : **1.** *De traverser la route.* **2.** *Une chevrette.* **3.** *Il s'amuse sans cesse, ses pattes sont petites.* **4.** *Un quart d'heure.* **5.** *Car le renard pourrait les manger.* **6.** *Il doit être sur l'étang, le bec dans l'eau.* **7.** *Un poisson vivant.* **8.** *S'ils n'ont pas perdu quelque chose.*

1. *Au rendez-vous des enfants perdus.* **2.** *Avant midi.* **3.** *Une pie.* **4.** *Un agneau.* **5.** *Une tortue.* **6.** *Le vieux cygne.* **7.** *Ils dansent au milieu de la route.* **8.** *Il chante.*

Tu as répondu à 1 question verte, tu es un très bon lecteur, 2 à 4, un bon lecteur ; plus, un peu étourdi.

page 66

A chacun son bec : **1.** *Tout + Caen = toucan* - **2.** *I + bis = ibis* - **3.** *Le cygne* - **4.** *Flamant* - **5.** *Pelle + i + camp = pélican* - **6.** *Aigle.*

page 67

A chacun ses pattes : *une seule empreinte est palmée, c'est celle du cygne.*

page 68

Au rendez-vous des enfants perdus :

1. *C* - **2.** *D* - **3.** *A* - **4.** *E* - **5.** *B* - **6.** *F.*

page 69

Qui dit quoi ? : **A.** *4* - **B.** *2* - **C.** *3* - **D.** *1.*

collection folio cadet

série bleue

Qui a volé les tartes ?, Ahlberg
La petite fille aux allumettes, Andersen/Lemoine
Les boîtes de peinture, Aymé/Sabatier
Le chien, Aymé/Sabatier
Le mauvais jars, Aymé/Sabatier
La patte du chat, Aymé/Sabatier
Les cygnes, Aymé/Sabatier
Le problème, Aymé/Sabatier
Les vaches, Aymé/Sabatier
La Belle et la Bête, de Beaumont/Glasauer
Faites des mères ! Faites des pères ! Besson
Clément aplati, Brown/Ross
Un amour de tortue, Dahl/Blake
Le doigt magique, Dahl/Galeron
Il était une fois deux oursons, Johansen/Bhend
Le hibou et le canard, Johansen/Bhend
Marie-Martin, Mebs/Rotraut Berner
Mystère, Murail/Bloch
Aurélio, Pausewang/Steineke
Dictionnaire des mots tordus, Pef
Le livre de nattes, Pef
L'ivre de français, Pef
Les belles lisses poires de France, Pef
Contes pour enfants pas sages, Prévert/Henriquez
Les inséparables, Ross/Hafner
Les inséparables et le secret de Noël, Ross/Hafner
Du commerce de la souris, Serres/Lapointe
Le petit humain, Serres/Tonnac
Anna, Grandpa et la tempête, Stevens/Tomes